Karl Julius Fridrich

Des alten Gottholds Epistel an die Dogmatisten

Karl Julius Fridrich

Des alten Gottholds Epistel an die Dogmatisten

ISBN/EAN: 9783743333413

Hergestellt in Europa, USA, Kanada, Australien, Japan

Cover: Foto ©ninafisch / pixelio.de

Manufactured and distributed by brebook publishing software (www.brebook.com)

Karl Julius Fridrich

Des alten Gottholds Epistel an die Dogmatisten

Des alten Gotthold's

Epistel

an die

Dogmatisten.

Herausgegeben

von

K. J. Fridrich.

Verfasser der Situazionen.

Si per invisum mora janitorem fiet, abito.

HORAT.

Berlin und Leipzig.

In Kommission bei A. F. Böhme, 1784.

Prolog

an

meinen Freund

Joseph von Retzer.

————————

Sieh, Freund! Schon wird es Licht im Kopf der

Nazionen,

Ein grosses Beispiel wekt rings ihren Ehrgeiz auf.

Die Sphär' um Peters Stul, und um Maroko's Thronen,

Borgt demutsvoll ihr Licht von Josephs Sonnenlauf.

Er winkte; Duldung flog, den Palmzweig in der

Hand,

Von Pol zu Pol — und, ohne Widerstand,

Eröfneten selbst Priester und Huronen

Ihr Herz der Himmlischen, und krönten ihren Sieg.

Sogar die grimme Wut der Inquisizionen

Knirscht' einmal, schäumend, noch vor ihrem Blick,

und schwieg.

Gottlob! sie sind dahin, die grauenvollen Zeiten,

Da, Warheit frei zu prüfen, mit Gefar

Des Lebens oft verknüpft, und denken — Sünde war.

Des grossen Kaisers Geist flammt durch die Dunkel-

heiten

Des Vorurteils, wie, durch die Nacht, der liebe Stern.

Sein sanfter Einfluß wirkt auf Völker, nah und fern:

Rings sieht man Warheitsgeist, und Freiheitssinn,

verbreiten;

Obgleich die Dummheit, die nur spät erst Licht verträgt,

Kurzsichtig blinzelnd, noch die Augen niederschlägt. —

Welch

Welch eine Aussicht, Freund! — Wohin der Weise

schauet,

Da findet er durch Ihn, der unser Liebling ist,

Für den, geheim, uns oft die Segensthrän' entfließt —

Der Warheit Tempel aufgebauet.

Auf ihrem Altar flammt das reine, sanfte Licht

Der göttlichen Vernunft: die Menschenlieb' umflicht,

Mit milder Hand, ihm ihre jüngsten Palmen:

Am Fuß des Altars singt die gute Menschenschaar

Dankbarer Herzen frohe Psalmen

Dem Göttlichen, der nun ihr zweeter Schöpfer war.

Welch eine Aussicht, Freund! — Schön, obgleich

noch, zu Zeiten,

Zu Ehren Gottes, manch geweihter Maulwurf glüht,

Um Hülfe, statt der Frucht, von Sinnen sich zu streiten,

Gleich

Gleich den Zentauren Göz, Merz, Saft und Piderit. (*)

Schön; obgleich noch das Gros von eminenten Köpfen

Nicht eben rüstig sich ums Sellesehn bemüht,

Und Jeden, der von fern dem Zweifler ähnlich sieht,

Aus Furcht, er möcht' am zarten Fleck sie schröpfen,

Weit ärger, als den leibgen Satan, flieht.

Doch, Lieber, diesen Herrn den alten Staar zu stechen,

Muß

(*) Jede christliche Konfession hat, wenn von innerlicher Intoleranz, und dogmatischen Verfolgungsgeist unter sich selbst, die Rede ist, ihre rüstigen Pannerherren und Antesignanos aufzuweisen. Damit also, in diesem Fall, keine von den verschiedenen Parteien, dem Verfasser eine unhöfliche Vernachläßigung, oder gar eine litterarische Ignoranz zur Last legen könne; so hat er hier lieber ein wenig wider die Geseze der ädeln Reimkunst verstoßen, und sich eine kleine Härte erlauben, als eines von den theuren Rüstzeugen der respektiven Kirchen mit Stillschweigen vorbeigehen wollen. Eine sehr natürliche Billigkeit, sich die Nachwelt zu verbinden, und Männer nicht in obscuro zu lassen, die es, aus mehr als einem Betracht, verdienen, ihr in effigie aufgestellt zu werden.

Muß Kasamata (*) selbst die Geisterwelt besprechen.

Ein guter Freund — du kennst den alten Gotthold ja? —

Versucht es einst, und kam verzweifelt ins Gedränge,

Als er's bei seiner Kur nur in der Art versah.

„Fort mit dem Neuling!" rief die feiste Priestermenge,

Die um das Ruhebett des blinden Hirten stand —

Er riecht nach Kezerei — Wo ist der Weihrauch? Fi!"

Izt trat der Leibarzt ein. „Verdammter Pfuscher!

schrie

Der handwerkseifrig, als er unsern Freund erkannt —

Dein Methodus kurirt uns allesamt zum Teufel!

Pakt an, Hochwürd'ge! werft den Lumpenkerl hinaus!

Sein Rezipe taugt nichts: daran ist gar kein Zweifel."

Die

(*) Kursächsischer Leibarzt, ein sehr erfahrener und glücklicher Okulist.

Die Patres ließen — und wer sieht das nicht voraus? —

Sich freilich nicht so Etwas zweimal sagen.

Wie Bären, giengen sie auf unsern Gotthold los,

Und gaben ihm, erst braun und blau geschlagen,

Die Trepp' hinab den lezten Liebesstoß.

Er brach ein Bein, der alte, gute Mann!

Und schlug am Kopf sich eine Wunde,

So, daß er, wie du weißt, noch bis auf diese Stunde,

Nicht ohne Krük' und Kopfband gehen kann.

Sobald der Arme nur etwas vom Fall genesen,

Sandt' er, in Abschrift, mir corpus delicti zu.

Hier, Retzer, kannst du nun es nach Belieben lesen:

Denn der es prüfen kann, bist Du.

Fridrich.

Warnung

des

Herausgebers.

Hast du gesunden innern Sinn, lieber Leser; dann magst du dies Büchlein wohl zur Hand nehmen. Ohne diesen aber, rath' ich dir als ein guter Freund, es hübsch ungelesen zu lassen. Es würde dir für-

war!

war! mehr schaden, als frommen. Und das sollte mir herzlich leid sein. Man muß, wie du selbst weißt, ein gutes, starkes Auge haben, um die Sonnenstralen zu vertragen. Und Warheit, Leser! stralt, wie Gottes Sonn' am Mittag. Es ist also deiner Seele besser, daß sie nur blödsichtig bleibe, wie sie ist, als daß sie das bischen Sehe vollends ganz verlöre.

Vereinigst du aber, welches Gott verhüte! mit krankem innern Sinn auch noch bösen Willen, christlicher Leser! dann beschwör' ich dich, diese Blätter ganz unbeschielt zu lassen, und dir, für die Paar Groschen, die sie kosten, lieber ein probates Herzensemetikum zu kaufen; wenn an-

ders

ders die sublunarischen Apotheken damit versehen sind.

Frage ferner nicht, lieber Leser, wie ich zu des alten Gotthold's geheimer Brieftasche gekommen sei. Wärest du wohl um einen einzigen Gedanken weiser, wenn du das wüßtest? Sei zufrieden, wenn ich dir allenfalls sage, daß ich die Brieftasche besitze, und in derselben noch manches rhapsodische Blättchen von der Hand des wohlseligen alten Herrn gefunden habe; die ich dir alle, wenn ich erfahre, daß gegenwärtiges dir behagt, wenigstens keine Indigestion gemacht hat, nach und nach ebenfalls mitzuteilen gedenke.

Zer-

Zerbrich dir auch nicht den Kopf mit der unnüzen Grübelei, wer wohl eigentlich der ehrliche Graubart sein möge, der hier sein Glaubensbekänntnis ablegt; sondern lis, und prüfe vielmehr alles, was er dir, in der Einfalt seines Herzens, so ganz bona fide vorkezert, treulich und sonder Gefärbe. Was hülf' es dir, wenn ich dir auch seinen Namen und seine Hütte ins Ohr sagte? Du könntest hienieden doch nicht mehr ihm traulich die Hand drüken. Seine Gebeine ruhen längst im Friden. Was du allenfalls noch thun könntest, wäre: zu seiner Hütte wallfahrten, dich auf sein Grab sezen, und seinen Staub segnen. Lohne dir Gott diese sanften Gesinnungen, trauter Leser! dort oben wird einst der brave Graubart dafür dir danken.

Aber

Aber wallfahrten — laß Schwärmer, Heuchler, Müssiggänger! du, Leser! sei redlich, ein Weiser!

Schließlich danke mit mir Joseph dem Kaiser, daß er Männer, die, gleich ihm, Licht und Warheit lieben, zu Richtern und Hütern des Verstandes und Herzens seiner Nazion machte. Bei einer minder aufgeklärten Zensur wäre diese religiöse Rhapsodie vielleicht nicht zugelassen worden. Wenigstens erfuhr sie dies Schikfal bereits vor einem Jahr in Leipzig, wo sie, damals mit unter meinen Situazionen befindlich, einem allzu gewissenhaften Zensor in die Hände fiel. Gott sei indessen seiner armen Seele gnädig! Er starb. Aber zuverläßig,

nicht

nicht aus Gewissensangst, daß er dem alten Gotthold den Weg in's Publikum versperrt hatte. Er starb — und an seine Stelle kam der duldendere Klobius; ein Mann, den selbst auch Joseph zum Zensor erwält hätte.

Epistel

Epistel
an die
Dogmatisten.

Montezuma.
Man, and not err! What reason can you give?

Christian Priest.
Renounce that carnal reason, and — believe!

DRYDEN Conqu. of Mexico.

Epistel
an die
Dogmatisten.

„Führt Gott die Menschen all', auf einem einz'gen

Gleise,

Zu seinem Himmel?" —

O! wie oft bat ich um Licht

Und Lehr' hierüber euch, die ihr, nach Amt und Pflicht,

Als Menschenlehrer, und als Weise,

Dies, wie ihr uns gelehrt, ausschliessend wissen müßt!

Allein, was doch fürwar! nicht eures Amtes ist,

(Daß ich beiläufig dies hier zu bemerken wage!)

Ihr gabt, statt Brod, mir einen Stein,

Ja fieng't, statt liebreich mir die Bitte zu gewähren,

Und über jenen Punkt mich Zweifler zu belehren,

So grimmig und entrüstet an zu schrei'n,

Als hätt' ich gar, durch die bescheidne Frage,

Den Hals verwirkt. Der tröstliche Bescheid,

Den mir etwa gabt, fiel, wörtlich, allezeit

Nur dahin aus: „ non est philosophandum

In causis der Religion: (*)

Das

———

(*) Wenn ein so scharfsinniger Mann, wie Michel Montaigne, oder Pater Malebranche, nach einer langen hofnungslosen Untersuchung, mit frommer Resignation endlich aus=

Das ziemt dem Sünder nicht, quod erat demonstrandum Dem armen blinden Erdensohn."

Der arme Erdensohn! Er darf's also nicht wagen,

ausruft: il faut soumettre la raison à la foi; dann verdient seine Schwäche — Schwung, und sein Glaube — Hochachtung. Kühne Skeptiker, wie Baile und Huet, würden sich freilich schwer enthalten können, dabei, mit bedeutendem Lächeln, die Achseln zu zuken; versteht sich, nicht über den Mann, sondern über den Irrthum.

Wenn aber ganze Legionen von teils geschornen, teils ungeschornen, orthodoxen Schreiern, die, aus Faulheit oder Troz, (vom Unvermögen ist hier nicht die Rede: dafür ist das Konsistorium oder die Kircheninspektion responsabel) nicht selbst nachdenken wollen — einem so ehrwürdigen Philosophen, der sich's um die Warheit sauer werden ließ, weil es ihm ernstlich um sie zu thun war, seinen Glauben, der ihm so teuer zu stehen kömmt, ohn' alle Prüfung abborgen, um nur den vernünftigen Forscher, der es mit der Sache der Menschheit gut meint, damit zum Schweigen zu bringen — wie dann sich verhalten? Des losen Gezüchts nicht achten, und still seines Weges fürbas gehen? oder die Geissel des sarkastischen Spotts zur Hand neh=

In Dingen, die ihm doch so nah zu Herzen gehn,

Um freundliche Belehrung euch zu flehn,

Und seine Zweifel, ganz in Einfalt, vorzutragen?

Er

nehmen, und dem Volk eine possirliche Kurzweil geben? Ich riethe zum erstern. Verfolgung zeugt Märtirer: und, für diese Ehre, ist ihre Sache zu gering.

Lieber Leser, schau umher! Noch mästen von den Zehenden des Landes sich viele, denen, aus leicht einzusehenden Gründen, aller Untersuchungstrieb ein schnödes Gelüst der schwachen menschlichen Vernunft zu sein scheint — viele, die entweder faule Drohnen, oder trozige Stümper, in den Geschäften der Religion sind. Schlaftrunken, mit beifälligem Kopfniken, gleich den weiland trunkenen Bischöfen bei den Konzilienschlüssen — beten jene die Kompendiensäze ihrer ehemaligen Universitätslehrer, halbgehört und halbverstanden, nach; indeß diese sie lieber, mit Feuer und Schwert, dem ganzen Menschengeschlecht buchstäblich aufzwängen.

Heil dir, Germanien! wenn du eilest, unter deinen Nachbarn das erste zu sein, welches es wagt, diese schädliche Bonzenrace ganz aus seinem Schoose zu vertilgen.

D. H.

Er darf es nicht?.. nur Glaube, blinder Glaube

Macht selig?.. nie die hellere Vernunft?

Wohlan! so zürnet nicht, daß ich mir's itzt erlaube,

Euch Eingeschriebenen der einzigen heil'gen Zunft

Treu vorzulegen, was ich leider! mit Vernunft,

Der's freilich öfters noch an Licht und Kraft, ge-
    bricht,

Als bloßer armer Laie glaube.

Doch prüfet auch! denn Prüfung, wie man spricht,

Ist sonst wohl eben eure Sache nicht.

      *

   *   *

Ich glaub' an Einen Gott, und an ein ew'ges Leben,

Wie auch an guter Thaten Lohn.

Nach der Verädlerung, mit jedem Hauch, zu streben,

Ist

Ist meine irdische Bestimmung schon.

Der, welcher einst, voll Pracht und Majestät,
Im weiten leeren Raum, die Welten ausgesä't,
Die, hehr und zalenlos, am Abendhimmel schweben;
Von dessen Odem stets noch neue Kraft und Leben,
Durch alle Schöpfungskreise weht;
Durch den der Fixstern sich um seine Achse schwingt,
Und der Planet, wie er einst sie betreten,
Noch heut die angewiesne Bahn vollbringt;
Der, dessen Hand im Frühling die Tapeten,
Im sanften Kolorit, schön um die Erde zieht;
Der gros in Blizen, wie in Morgenröthen
Huldreich und liebelächelnd, glüht;
Der, rings in der Natur, die Wesen zu sich winkt,
Daß sie in ihm den Einzigen, der ist, anbeten —

Der

Der ist mein Gott. Dem tönen meine Lieder

In's leicht umlaubte Saitenspiel.

Den ehrt mein Herz durch Wohlgefül

Und durch die Liebe meiner Brüder.

Das Opfer, das mein Herz ihm dankbar weiht,

Sind Handlungen der Menschenfreundlichkeit.

Im Lenz ist's hier und dort ein schöner junger Baum,

Den, süssen Vorgefüls, ich für die Nachwelt pflanze.

Im Sommer, und im Herbst, sind's einge braune

Garben,

Ein Eimer Most, geschmükt mit einem Weinlaubs-

kranze,

Für einen armen Freund, den ich in Kummer darben,

Und ädel seine Noth im Busen tragen fand;

Im Winter ist's ein schirmendes Gewand,

Nebſt einer ſchönbereiften Tanne

Aus meinem kleinen Wäldchen dort,

Für einen bleichen Nachbar, dem der Nord

Durch ſeine morſche Hütte pfeift,

Daß er den grimmen Froſt, der ihm an's Leben

greift,

Von ſeinem traur'gen Lager bange.

Ihr, die ihr nie gefühlt, was Menſchenliebe ſei,

Ihr lacht, ihr wundert euch ob ſolcher Schwärmerei?

O! lachet immerhin, und gönnt mir meinen Traum!

Denn fühllos, wie ihr ſeid im vollſten Ueberfluſſe,

Labt euer Herz auch nie, vom ſeligſten Genuſſe

Des Menſchendaſeins, nur ein Tropfen.

Noch nie empfandet ihr das ſüße, bange Klopfen

Des edeln Mitleids; ja ihr ahnet kaum,

Welch

Welch eine Heiterkeit ein solcher heilger Traum,
Deß hohen Sinn ihr nicht verstehet,
Ins Herz und Angesicht des Menschenfreundes wehet.
„Er war ein Menschenfreund, er diente Gott vernünftig,
Und — pries ihn durch sein Leben" — ha! wie süß,
Strömt' einst von solchem Ruhm des Weisen Mund mir über,
Kläng es, als Grabschrift, noch im Nachhall mir hinüber
An das Gestade der Unsterblichkeit! — Ja prieß'
Auch keine Sekte dann mich Glüklichen für zünftig,
Mit ihr zu wandern in das Paradies;
Was kümmert's mich? Wer macht die Thoren weise?
Wer tilgt der Vorurteile Wahn?

Recht gut, wenn ich, auf meiner Himmelsreise,

Nur fridlich mit Neutralen schlendern kann!

Ist Gott nicht Allen Gott? nicht Freund und Va-

ter Allen,

Die einst sein Odem angehaucht?

Kann ihm der Sinduer blos darum nicht gefallen,

Weil ihn sein Priester nicht in's heilge Bad getaucht?

Und soll der Hottentott darum zur Hölle wallen,

Weil er die Muttermilch von keiner Christinn

saugt? —

Reicht Gottes Vaterhuld nicht über Land und Meere?

Er, dessen Werk doch alles ist, was ist —

Liebt er die Menschen nur auf dieser Hemisphäre?

Kann seine Huld parteiisch sein,

Und schränkt er sie nur blos auf Christennamen ein? —

Heißt

Heißt denn nicht selbst in Christus weiser Lehre,

Der Hauptsaz: allgemein liebreich und dulbend sein?

War nicht der Mensch weit früher Mensch, als Christ?

Und war Gott damals nicht, was er noch izund ist —

Des Menschen Schöpfer? Kann ein Gott verwerfen;

Was er zu schaffen würdig fand? — —

O! möchte der Gedank' euch doch die Sinne
schärfen,

Hell einzusehn, was bloße Menschenhand,

Und was Gott selber formte! — zu fülen, wie so
klein,

Wie arm an Geist und Herz, wie trostlos selbst die
Lehre,

Die ihr da predigt, müßte sein,

Wenn sie das wirklich auch, nach ihrem Wesen, wäre,

Was

Was Menschen, oft aus Unbedacht,

Doch meist aus Eigennuz, und Sucht nach Herrscher

Ehre —

Erst, nach der Form, aus ihr gemacht!

Denn, Freunde, die ihr nachgedacht!

Wer goß die ädeln, lautern Lebensnormen,

Die einst auch selbst der ungeübteste Verstand,

aus ihres Lehrers Mund, nach seiner Fassung fand,

Zuerst in enge sistemat'sche Formen?

Wer schied, wer sonderte die Formen ab,

Daß sie sich ungleich wurden? und wer gab

Dann ihnen Namen, Gränzenrichter — Priester?

Nicht Menschenkinder, arm und schwach an Geist,

wie wir —

Wir, ihre jüngeren Geschwister?

Die

Die Christuslehre, sagt ihr Stifter selber mir,

Ist, wie die Tugend und die Gottheit — Eine;

Und diese Eine ward der ganzen Menschheit Teil,

Was manche Form auch immer darzu meine!

Sie ist, zu jeder Zeit, und unter allen Zonen,

In Schilfrohrhütten, wie auf Pabst- und Kaiser-
thronen,

Der Menschen Wohlthat, Licht und Heil.

Was Jeder denkt und glaubt, in seiner Sphäre,

(Wenn's übrigens auch frommer Irrtum wäre,

Und Irrtum ist oft Warheit im Gefül —)

Das gilt, ist treu sein Herz, und seine Absicht rein —

Nach dieser Lehre selbst, gleichviel zum Glücklich sein,

Und ist das überhaupt nicht aller Weisheit Ziel?

Das reinste Wasser borgt die Farbe von dem Glase,

Wor-

Worein du's füllst, und wird, ist dies nur rein,

Troz fremder Farbe, doch noch lautres Wasser sein.

Dies ist (verdammet nicht die kühne Paraphrase!)

Der Warheit Fall. Ist Herz und Absicht heilig;

Dann wird Irrtum Verdienst, und Sünde selbst —

verzeihlich.

Entscheidet selbst! Wo ist das seltsame Gewand,

Das knapp auf jeden Körper paßte?

Und wo die Wahrheit, die, in jedem Land,

Gleich richtig jedes Kind, und jeder Weise faßte?

Verändert überall nach äufrer Form und Tracht,

Umkleidet bald mit falschem Prunk und Schimmer,

Bald eingehüllt in Nebel, Dunst und Nacht —

Ist sie sich immer gleich, bleibt sie dieselbe immer.

Sie gleicht dem reinen Sonnenlicht,

Das

Das sich im Aedelstein, wie im bethauten Grase,

Selbst ohne Farb', in tausend Farben bricht.

Bald stralt's, wie Ophir's Gold, im herrlichen

Topase;

Bald, Purpur gleich, im brennenden Rubin;

Wie Aether, im Saphir; bald, wie des Lenzes Grün,

Im freundlichen Schmaragd, und bleibt doch stets

nur Licht.

Erkennet Jeder nur, was er erkennen kann,

Und sucht er, was so mit bestem Willen,

(Auf den, nicht auf den Grad der Einsicht, kommt es an)

Für gut erkannt, auch redlich zu erfüllen;

Dann sei er Christ, Jud, Heide, Musulman,

Er ist vor Gott ein Wesen, das der Stelle

In seinem Himmel würdig ist,

Und

Und keineswegs (was doch aus der Dogmatik fließt!)

Ein armer Kandidat — der Hölle.

Doch diese strengen Glaubenstheorien, (*)

Zu deren Ehre man einst Menschenschaaren briet,

Ja

(*) Wehe dem Menschen, durch welchen Aergernis kommt! doch weh' auch dem, der nicht gegebnes Aergernis nimmt!
Unter Glaubenstheorie wird hier, wie auch aus dem Zusammenhange klar ist, nicht das Wesen der Religion, (welches allerdings göttlichen Ursprungs ist, und sein muß) sondern nur des strenge Lehrgebäude, der vielfache dogmatische Zuschnitt, die individuelle Form der Religion verstanden. Und wer wagt es, überzeugt und überzeugend darzuthun, daß dies leztere nicht Menschenwerk sei?
Hat unsre ursprünglich reine, durch Menschenzusaz unverfälschte, christliche Religion nicht etwan höhere, wesentlichere Vorzüge, als blos die respektive sistematische Gestalt, die ihr Parteien und Dogmatiker gaben? Und, wenn dem also ist; warum waren oft ganze Staaten über die Verlezung der leztern mehr in Verzweiflung und Aufruhr, als über offenbare Angriffe auf das Wesen der Religion? Etwa; weil dieses sich von selbst verteidigte, indem es sich immer gleich blieb? Oder nicht vielmehr, weil jede Erschütterung des dogmatischen Sistems auch eine unmittelbare Zerrüttung eines gewissen Finanzsistems nach sich zog? Wer entscheidet? —

D. H.

Ja Aeltern, Freunde, Vaterland verrieth,

Für die, auch izt, voll heilger Phrenesie,

Den Säbel der Orthodoxie

Zu schwingen, noch zehntausend Priester glühen; —

Aufrichtig! sind sie nicht blos künstliches Gewand,

Gewebt von eines Menschen Hand,

Wie er's auf Volk, und Staat, und Sitten passend fand?

Und passen sie, da, wie bekannt,

Sie seit der Zeit so viel Veränderung erlitten,

Auch izo noch auf Volk, und Staat, und Sitten? —

Woher also, daß man die Sünde so wenig verzeiht,

Wenn wir es wagen, den Stempel untrüglicher Heiligkeit,

Womit die Priesterschaft dies Glaubensgewand geweiht,

Mit heterodoxem Sinn, ein wenig in Zweifel zu

ziehen?

Wem, Freunde, schmekt das nicht nach Ungerech-

tigkeit?

Sind wir nicht Menschen auch? ward's uns nicht

auch verliehen,

Zu finden Licht und Recht da, wo's ein Andrer fand? —

Ich, meines Teils, bekenn' es frei,

Vom Geist der Warheit angetrieben,

Daß ich von den, für Geistessklaverei,

So orthodox gesinnten Herr'n,

Bei diesem Punkt, noch manchen Skrupel gern

Mir lösen liesse; wenn, wie leider! oft geschehn,

Sie mir nur nicht die Antwort schuldig blieben.

Drum ist's am klügsten, meine Lieben!

Wir

Wir lernen hübsch mit eignen Augen sehn.

Da habt ihr freilich zwar ganz Recht:

(Und dieser Umstand war vor Zeiten zu erwägen!)

Noch niemals sank der apostol'sche Segen

Auf den verwägnen Laienknecht,

Der nur von fern ernsthafte Miene macht,

Dem armen blinden Volk den Staar zu operiren,

Und aufzuhellen ihm der Dummheit dike Nacht,

Worein, um ungestraft es zu tirannisiren,

Die fromme Politik es einst — — so so! gebracht.

Vielmehr schoß wetterschnell, hoch von Sankt Peters
       Stule,

Ein Bannstral auf den armen Wicht herab,

Und schleudert' ihn, wo nicht unmittelbar ins Grab,

Doch ganz gewiß bis zu dem schwarzen Höllenpfule;

Und das, wie man sehr gründlich noch bewies,

Nicht anders, als von Gott und Rechtes wegen.

Kein Wunder auch! das Volk belehren — hieß

Ja offenbar, just nach der stärksten Stüze

Von Roms splendiden Pastorssize

Die Bresche schießen. Und ihr wißt,

Das ist ein Fall, der stets das Vatikan verlegen

Gemacht; wo, selbst auch izt noch, jeder gute Christ,

Der doch bei weitem aufgeklärter ist,

Es allen Ernsts dem heilgen Vater verdächte,

Wenn, in gerechter Glut des Patriachenzorns,

(Vorausgesezt, daß er dem gläubigen Geschlechte

So furchbar noch, wie sonst, dadurch zu sein vermöchte)

Er nicht den Bannstral griff' anstatt des Segenshorns.

Denn Eifersucht ist stets bei zweifelhaftem Rechte;

Und tief verborgne Furcht vor nahendem Verlust
Wühlt, wie ein Geier, in des Usurpators Brust,
Ja stört ihn, trotz der schönsten Kronenmütze!
Stets im Genusse von zweideutigem Besitze.

Dem sei nun, wie ihm immer sei!
Wahr, oder nicht: das muß den ächten Laienbrüdern,
Nach jenem großen Plan im weisen Bullenrecht,
Die Fesseln der Hierarchie dem ganzen Menschenge=
schlecht
Allmälich um den Hals zu werfen, — einerlei
Stets gelten; was auch die Vernunft sonst zu er=
widern
Dagegen fänd'. Und traun! die kluge Klerisei
Nimmt auch noch izt, in unsern hellern Tagen,
(Wo arme Laien, wie wir sind,

Und sollen sein, an Leib und Seel' ein wenig blind —
Es, im Vertraun! schon dürfen wagen,
In puncto fidei ein Wörtchen mitzusagen)
An jenem verschmizten Sistem des Kanon's großes
Behagen.

Sie sieht's, zum Teil, auch heutges Tages noch,
Wie sonst, mit kizelndem Vergnügen,
Wenn wir, aus frommer Ehrfurcht für sie,
Bereit sind, uns dem Zwek der Kirchenpolitie,
In Demut und stillem Gehorsam, zu fügen,
In's sanfte pastoralische Joch
Geduldig unsern Naken zu schmiegen,
Und, was am Laienvolk von je her baß gefiel,
Die sträubende Vernunft auf dem bequemen Pfül
Des blinden Glaubens einzuwiegen.

Doch,

* * *

Doch, wo gerath' ich hin? Welch Abweg von dem
Plan,
Nach welchem ich mir blos erlaubet,
Euch mitzuteilen, was mein Herz, nicht blindlings,
glaubet?
Verzeihung, meine Herr'n! denkt: menschlich ist's zu
fehlen!
Folgt mir getrost zurück auf meine alte Bahn,
Und höret noch, was ich euch werd' erzälen,
Geduldig, und aufmerksam prüfend, an!

* * *

Mein Gott ist gut, wohlwollend, liebevoll.
Ich darf mit Freudigkeit, und freiem Sinn, ihm dienen.
Warum auch, daß ich, mit Anton und Augustinen,

Ihn rächend, zornig, denken soll?

Sieht er denn nicht die unumwölkten Mienen

Der Menschen, die er doch zum Glük geschaffen, gern?

Und war sein Auge, das tief in's Verborgne dringet,

Wohl je vom Spiel der Unschuld fern?

Nein, Freunde, nein! — Er hört das laute Jubellied,

Das man, mit heiterem Gemüt,

Aus unentweihter Brust ihm singet,

Nicht minder gern aus seiner Menschen Kehlen,

Als wie den lustigen Gesang

Von seinen Hänflingen, und seinen Filomelen.

Denn Jedes schuf er ja: und Jedes singt ihm Dank. —

Die Enfelt braucht nicht Band, noch Ordensstern,

Um sich dem Herrn der Weltbeherrscher zu empfehlen;

Und darf man gar nicht erst, wie bei den Erdenherr'n,

Die

Die Dienerschaar mit Gold und Schmeichelei, be-

stechen,

Um, in geheim, mit ihm sich traulich zu besprechen.

Auch darf man nicht bei ihm, durch dritten Mann,

von fern,

Den günst'gen Augenblik der Disposizion

Und guten Laun' erlauschen. Nein! sein Thron

Ist zugänglich für Jeden, der, gekränket,

Zu ihm um Trost und Hülfe flieht,

Und jede Last, die ihn zur Erde niederzieht,

Vertrauenvoll zu seinen Füssen senket.

Er hört des Säuglings Stammeln gern.

Die stolze Demut, die auf sammtnen Polster kniet,

Der Weihrauch unter Baldachinen,

Das Meßgewand, von Gold und Aedelsteinen schwer,

Der eitle heilge Prunk auf Altar und auf Bühnen,

Der Jubel der Musik, gefällt ihm nicht so sehr,

Als Andacht aus einfältigem Gemüt,

Und Ausdruk frohzufridner Mienen.

Er liebt den unschuldvollen Tanz

All seiner Kinder auf der weiten Muttererde,

Im frischen duftgen Frühlingskranz.

So tanzt' ich selber, da noch Simmeltrubens Herz

Treu jede Wonne, jede drükende Beschwerde

Des Lebens mit mir teilt', und mir, durch weisen

Scherz,

Die Stirn erheiterte — mit einer kleinen Zahl

Vertrauter Freunde, bunt gepaart,

Nach einem nüchternen sokratisch frohen Mahl,

Wo jeder Gast dankbarer, inniger,

An

An Gottes Wohlthun dacht' und dadurch fähiger

Für neue Seligkeiten ward. —

Gott selber zeichnet mir des wahren Glükes Pfade.

Sind diese auch, wie ich's wohl wünschen mag,

Nicht immer sanft, beblümt, und licht, und grade;

So glänzt am Ziele doch ein schöner, heller Tag. —

Und hab ich mich verirrt; (wie das dem besten Mann

Auf diesem Erdenrund wohl manchmal kommen kann)

So führt er selber mich, mit väterlichem Blik

Und schonender Gedult, auf seine Bahn zurük.

Drükt meinen Geist die Last geheimer Schmerzen,

Und wird, in dieser Alltagswelt,

Mir, bei dem liebevollsten Herzen,

Ach! oft der seligste Genuß vergällt —

Dann flieh ich nur zu seinem Heiligtume,

Zu der Natur, in's ofne, freie Feld.

Hier seh ich ihn, selbst in der kleinsten Blume,

Mit Tröstung winken — und im ernsten Eichenhain,

Der traulich sich herab zu meiner Schwermut neiget,

Haucht, flüsternd, mir sein Geist des Himmels Frie-
   den ein:

Mein Blik wird hell, und all mein Kummer schwei-
   get. —

Und, um den Quell des Segens einzuweihn,

Woraus mein Geist Freud' und Genesung trank,

Beginn ich froh des Herzens Lobgesang,

Der, froher noch, aus Thal und Wald,

In tausend Stimmen wiederhallt,

Und auf zu ihm, auf Westwindsfittig, steiget.

Ihn

Ihn fül' ich, in der Morgendämmerung,

Den milden Thau auf schwelgende Gefilde streun:

Sein Hauch weht mir, im rauschenden Hain,

Die heilige Begeisterung:

Durch ihn läßt mir die freundliche Aurore,

Am reinen Morgenhimmel, Rosen blühn:

Mir muß sein Lenz, im bunten Blumenflore

Heilsame Kräuter auferziehn:

Und seine Sonne reift, am hohen Rebengeländer,

Mir meinen herzerquikenden Most:

Und meinen Keller füllt sein treuer Gabenspender,

Der Herbst, mit tausend Arten Kost:

Nur er läßt mir, durch's weiche moosigte Bette,

Die schäumende Gesundheitsquelle fliehn;

Und seine Hand verschlang die langgedehnte Kette

Von

Von Bergen, dort, in einen blauen Veilchenkranz,

Womit mein liebes Thal sich schmüket. —

Wer weis es, wäret ihr noch ganz,

Ihr schlanken Erlen dort, die ihr auf's graue Dach

So still und traulich niederbliket?

Wer weis es, wässerte der helle Schmerlenbach

Mein Gärtchen? und wer weis, ob meine Hütte

stünde;

Flocht' seine Huld nicht jenen hohen Kranz

Zur starken Schuzwehr wider wilde Winde? — —

 O Menschen! das erhabne Siegel

Von seiner weisen Liebe, die,

Durch hohe namenlose Simpathie,

Das Herz zur reinsten Wonn' entzükt,

Ist göttlich schön dem Weltall aufgedrükt!

Sanft

Sanft gleitet sein Odem auf wallendem Spiegel

Der mondbestralten Silberflut:

Sein Wohlthun strömt sanft, mit der Sonnenglut,

Durch aller Himmel unendliche Tiefen:

Er sammelt die Wolken, daß sie von Segen triefen:

Er spricht, im Donner, zur bebenden Erde,

Daß sie dem Samen mild, und fruchtbar, werde:

Er heißt des Aethers schnellen Sohn,

Durch schwarze, dünsteschwangre Lüfte,

Hinfliegen, zu verzehren die Gifte,

Die meinem Gärtchen Mehlthau drohn.

Auf jeder Flur — auf jedem Hügel,

Von dunkeln Fichten schön umkränzt —

Auf jeder Ebne, fern vom Horizon begränzt —

Weht des Allgegenwärtgen Flügel.

Rings-

Ringsum, wohin mein Blik nur trägt,

Ist Gott, und Gottes Geist! — Ha! wie mein Herz

hoch schlägt,

Mein Blut entflammt, die Lippen glühn

Bei dem Gefül: „Rings, wo du hinblikst, siehst

du Ihn!

„Und alles, was er will und thut —

„Und alles, was er schuf — ist gut!"